평범한 우리 어린이들을 다음 세대
위인으로 만들어 줄 교과서 위인 이야기!
효리원의 교과서 위인 이야기는 초등학교
교과 과정에 나오는 국내외 위인들을, 우리나라
최고 아동 문학가 53인이 재미있게 동화로 구성했습니다.
지혜와 용기로 위대한 삶을 산 위인들의 이야기는,
어린이들의 마음속에 '나도 할 수 있다.'는
희망의 씨앗을 심어 줄 것입니다!

일러두기

1. 띄어쓰기와 맞춤법 : 초등학교 국어 교과서와 국립국어원의 『표준국어대사전』을 기준으로 하였습니다.
2. 외래어 지명과 인명 : 국립국어원의 『외래어 표기 용례집』을 기준으로 하였습니다.
3. 이해가 어려운 단어 : ( ) 안에 뜻풀이를 하였습니다.
4. 작가 연보 : 연도와 함께 나이를 표기하고, 업적을 간략히 소개하였습니다. 우리나라 위인은 태어난 해를 한 살로 하였고, 외국 위인은 만 나이로 태어난 다음 해를 한 살로 하였습니다. 정확한 자료가 없는 위인은 연도와 업적만을 나타냈습니다.
5. 내용 구성 : 위인의 삶은 역사적 자료를 바탕으로 최대한 사실적으로 구성하였습니다. 그러나 읽는 재미를 위해 대화 글이나 배경 묘사, 인물의 감정 표현 등에 작가의 상상력을 더했습니다.
6. 그림 구성 : 문헌을 바탕으로 위인이 살던 시대를 충실히 나타내도록 하되 복식의 색상이나 장식, 소품, 건물 등은 작가의 상상으로 그렸습니다.
7. 내용 감수 : 각 분야의 전문가들로 구성된 편집 위원들이 꼼꼼히 감수를 하였습니다.

편집 위원

김용만(우리역사문화연구소장)
교과서에서 만나는 위인들을 중심으로 일화와 함께 그림과 사진을 곁들여 지루하지 않게 읽을 수 있습니다. 술술 읽다 보면 학교 공부에도 많은 도움이 될 것입니다.

신현득(동시인, 전 새싹회 회장)
우리가 자주 듣고 접하는 역사 속 실존 인물들이 자신의 꿈을 이루기 위해 어떻게 노력했는지 깨달아 가면서 우리 어린이들은 한층 더 성숙해질 것입니다.

윤재운(동북아역사재단 연구 위원)
위인전을 읽으면서 어린이들은 시대를 넘어 간접 체험을 할 수 있습니다. 어떻게 살아야 하는지 인생에 대한 동기 부여와 함께 삶이 보다 풍요로워질 것입니다.

이은경(철학 박사, 전북과학대 유아교육학과 교수)
한 사람의 인격과 품성은 어릴 때 형성됩니다. 따라서 초등학교 저학년 때 어떤 책을 읽느냐에 따라 생각의 크기가 달라집니다. 어린이의 미래를 위해 이 책은 꼭 읽어야 합니다.

이창열(하버드 대학교 물리학 박사, 전 국가과학기술자문회의 전문 위원)
세상을 바꾼 위대한 인물의 이야기는 어린이의 인성 및 감성 발달에 큰 영향을 미칠 뿐 아니라 실험 정신과 개척 정신을 길러 줍니다. 용기와 지혜로 세상을 헤쳐 나가는 당당한 어린이를 꿈꾼다면 이 책은 꼭 한번 읽어 보아야 합니다.

정재도(한글학자)
위인으로 일컬어지는 이들은 어떤 생각을 하고, 어떤 삶을 살았을까요? 그들의 흔적을 담은 위인전은 복잡한 현대를 이끌어 갈 우리 어린이들에게 나침반과 같은 역할을 할 것입니다.

조수철(서울대학교 의과대학 소아정신과 교수)
위인전은 시대와 신분, 업적이 다른 위인들의 삶이 다양하고 흥미롭게 구성되어 있어 손쉽게 여러 삶의 모습을 만날 수 있습니다. 용기 있게 고난을 헤쳐 나간 위인의 이야기를 통해 삶의 지혜를 배울 수 있을 것입니다.

세계 최고의 문자
한글을 만든 임금
세종 대왕

진복희 글 / 김세진 그림

이 책을 읽는 학부모님과 선생님께

조선의 제4대 임금인 세종 대왕은 흔히 '전인'으로까지 불리는 훌륭한 인물입니다. 전인이란, 한 군데도 모자람이 없는 완전한 사람을 일컫는 말이지요. 그것은 세종 대왕이 정치와 과학, 그리고 문화와 예술, 국방, 외교에 이르기까지 한 치의 소홀함도 없었던 데에서 그대로 드러납니다.

어릴 적부터 손에서 책을 놓지 않았던 세종 대왕은 수많은 경전과 역사책을 즐겨 읽었습니다. 옛 성현들의 가르침을 꿰뚫어 알 수 있을 때까지 읽고 또 읽고, 그 뜻을 깨달아 실천에 옮길 수 있을 때까지 계속 읽었습니다.

이처럼 고전을 비롯하여 많은 책들을 두루 섭렵한 끝에 얻은 뛰어난 통찰력으로 세종 대왕은 나라를 이끌었습니다.

종의 신분인 천재 과학자 장영실을 불러 올려 나라의 일꾼으로 삼은 일은 양반과 천민의 구별이 뚜렷했던 당시로선 참으로 파격적인 일이 아닐 수 없습니다. 마침내 장영실은 찬란한 과학의 꽃을 피워서 세종 대왕의 기대에 보답하였습니다.

세종 대왕의 수많은 업적 중에서도 가장 찬란한 업적은 한글 창제입니다. 세계 어느 나라 문자도 견줄 수 없을 만큼 빼어나고 독창적인 한글!

지구상에는 남의 말을 빌려 쓰는 나라가 적지 않습니다.

또한 자신들의 고유한 문자를 가졌더라도 우리 민족처럼 빼어난 문자를 가진 곳은 없습니다.

중국의 한자 문화에만 의존하던 우리는 세종 대왕 시대에 이르러 우리글을 가짐으로써 비로소 까막눈을 면할 수 있게 되었고, 문화 대국으로서의 지평도 열 수 있게 되었습니다.

어린이들이 이 책을 읽을 때 세종 대왕의 이러한 업적과 성품을 잘 알 수 있도록 지도해 주시기 바랍니다.

머리말

세종 대왕은 어릴 때부터 남달리 총명해서 일찍이 아버지 태종의 눈에 띄었어요. 그래서 위로 두 형을 두고도 조선의 제4대 임금이 된 훌륭한 인물이에요.

세종 대왕은 어릴 적부터 책을 한번 손에 들면 놓는 일이 없었다고 하지요. 한 권의 책을 백 번씩 읽기로도 유명했다고 해요. 이 버릇은 임금이 되어서도 변함이 없었다고 해요. 이렇게 쉼 없이 갈고 닦은 세종 대왕의 학문은 조선을 튼튼히 지키는 큰 힘이 되었지요.

세종 대왕이 이룩한 수많은 업적 중에서도 단연 으뜸인 것은 훈민정음을 만들어 낸 것이지요. 세계 어느 나라 문자도 비교할 수 없을 정도로 빼어난 글을 갖게 된 우리 민족은 그 덕분에 지금까지 우리 정신을 꿋꿋하게 지킬 수 있었고, 우리만의 찬란한 문화도 누릴 수 있게 되었답니다.

글쓴이 진복희

차례

양녕이 충녕만 같다면 10

스물두 살의 청년 임금 17

밤을 낮 삼아 26

뿌리를 뽑으시오 30

양반이든 종이든 34

별자리를 보는 장영실 41

우리 땅을 찾아서 48

혼쭐이 난 학사들 52

우리말이 중국과 달라 57

백성들이 글을 알아야 61

누구나 쉽게 익혀 65

세종 대왕의 삶 71

읽으며 생각하며! 72

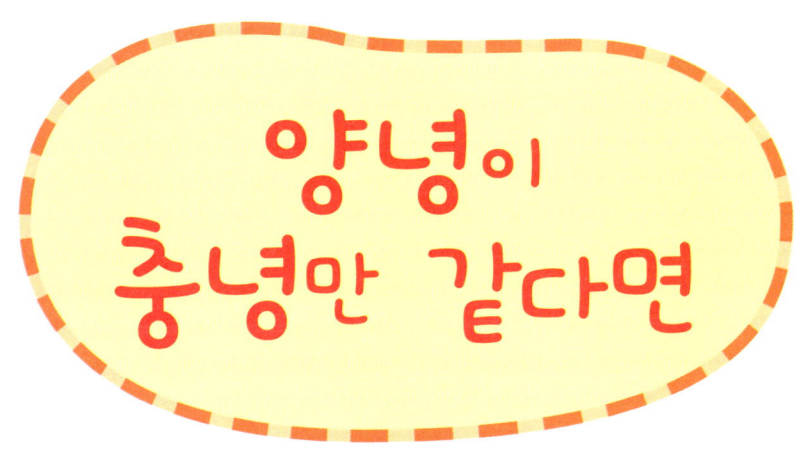

양녕이 충녕만 같다면

'충녕이 보고 싶구나!'

펼쳐 놓았던 책을 잠시 밀쳐 놓고, 봄빛이 가득한 뜰을 내다보던 태종은 내관을 불렀습니다.

쪼르르 달려온 내관을 앞세우고 태종은 궁궐 뜰로 내려섰습니다. 충녕의 처소 가까이 이르자 글 읽는 소리가 낭랑하게 들려왔습니다.

"군자는 말보다 먼저 행하고, 행한 후에야 말한다."

"날씨가 이리 화창한데 책만 보고 있었느냐!"

세종 대왕 | 조선의 제4대 왕인 세종 대왕은 정치, 경제, 문화 모든 면에 걸쳐 훌륭한 업적을 많이 남겼습니다.

기별도 없이 불쑥 찾아온 아버지 태종 앞에 충녕은 공손하게 고개를 숙이며 대답했습니다.

"예, 논어를 읽고 있습니다."

"한 권의 책을 백 번씩이나 읽는다고 들었다. 어찌하여 그렇게 읽는고?"

"훌륭한 옛 어른들의 가르침을 어찌 몇 번 읽어서 깨달을 수 있겠습니까? 그 깊은 뜻을 소자가 완전히 깨달을 수 있을 때까지 읽고, 행동에 옮길 수 있을 때까지 계속 읽을 따름입니다."

충녕의 대답은 거침이 없었습니다.

"옛 어른들의 훌륭한 가르침을 그렇게 열심히 따르겠다니,

기특한 충녕이로다!"

태종은 의젓한 충녕의 모습에 가슴이 뿌듯해 오는 기쁨을 느꼈습니다.

'아, 양녕이 충녕만 같다면 얼마나 좋을꼬! 한 자식은 책을 너무 안 읽어 탈이고, 또 한 자식은 책을 너무 좋아해서 병이 날 지경이고……'

태종은 세자인 양녕의 일을 생각하면 마음이 편치 않았습니다. 끊임없이 들려오는, 결코 듣고 싶지 않은 소문들이 귓가를 어지럽혔습니다.

"전하의 뒤를 이어야 할 세자의 몸인데, 동궁마마의 행동은 갈수록 도가 지나치십니다."

"글공부는 뒷전이고, 사냥에만 정신이 팔려 있사옵니다."

"대궐을 빠져나가 며칠씩 사라지기도 하고, 죄 없는 사람들에게 행패를 부리기도 하고……."

"그뿐 아니라 주막집에서 날을 새고, 세자의 처소로 여자를 끌어들여 해괴망측한 짓까지 한다고 하니, 불러들여 마땅히

야단을 치심이 옳을 듯합니다."

이러쿵저러쿵 내관과 대신들 입에서 쏟아지는 이야기들에 태종은 눈앞이 아찔해졌습니다. 마침내 세자를 바꿔야 한다는 소리까지 나왔습니다.

태종은 양녕을 불러들였습니다.

"떠도는 소문들이 사실이렷다? 고얀 놈 같으니라고! 내가 그렇게 일렀거늘, 세자로서 부끄럽지도 않느냐? 그런 행실을 일삼으면서 어찌 만백성의 어버이가 될 수 있겠느냐?"

그러나 양녕은 그다지 뉘우치는 기색이 없었습니다.

"내 뒤를 이을 세자가 저 모양이니 어찌할꼬! 이 나라가 세워진 지 겨우 스물여섯 해인 만큼, 나라의 기틀을 더 튼튼히 다져야 할 텐데……."

태종은 마음 같아서는 셋째 충녕을 세자로 세우고 싶었습니다. 그러나 맏아들을 세자로 세워야 한다는 법을 쉽게 거스를 수 없었습니다. 태종은 깊은 밤까지 잠을 이루지 못했습니다.

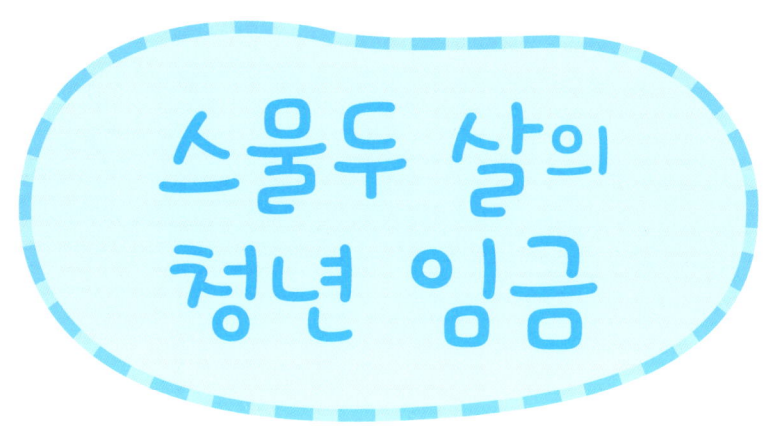

스물두 살의 청년 임금

태종은 대신들 앞에서 무겁게 입을 열었습니다.

"세자의 행실이 차마 눈 뜨고 못 볼 지경에 이르렀소. 온통 노는 데에만 정신이 팔려 있으니, 장차 이 나라를 어떻게 맡길 수 있단 말이오. 둘째 아들 효령은 마음씨가 착하고 학문도 좋아하지만, 몸이 약하고 결단력이 부족하오. 과인은 오래전부터 충녕을 눈여겨보고 있었소. 공부를 게을리하지 않고 성품도 어질어서 왕의 자질이 충분하다고 생각하오만, 경들은 어느 왕자가 세자의 자질을 갖고 있다고 생각하시오?"

그때 이조 판서인 황희가 앞으로 나섰습니다.

"세자를 쉽게 바꾸는 것은 좋지 않습니다."

그러나 대부분의 대신들은 충녕 편을 들고 나섰습니다.

"아닙니다. 충녕 대군께서는 학문과 덕망이

뛰어나 세자로서 무엇 하나 부족함이 없다고 생각됩니다."

태종은 단단히 결심한 듯 조정의 대신들을 둘러보았습니다.

"나도 그렇게 믿소. 충녕은 장차 어진 임금이 될 것이오. 충녕 대군을 세자로 명할 것이니, 이 일에 대해서 더 이상 거론하지 마시오."

위로 두 형을 두고 세자가 된 충녕은 세자가 된 지 두 달 만에 아버지 태종으로부터 임금 자리를 물려받았습니다.

"세자, 이제 그대에게 이 나라의 임금 자리를 물려줄 테니 어진 임금이 되어 백성을 다스리도록 하라."

스물두 살에 임금이 된 세종은 임금 자리를 내어 준 아버지와 양녕, 효령 두 형님의 마음을 결코 잊을 수 없었습니다. 그들의 기대에 보답하기 위해서라도 훌륭한 임금이 되어야겠다고 다짐했습니다.

임금이 된 세종은 가장 먼저 집현전을 크게 늘리기로 했습니다. 이곳은 학문이 깊은 젊은 학사들이 모여 공부하면서, 나랏일도 의논하는 곳이었습니다.

세종은 어전 회의(중요한 나랏일을 다루기 위해 임금 앞에서 신하들이 하는 회의)에서 학사들에게 말했습니다.

"지금까지 이름뿐이던 집현전을 이번에 크게 늘린 것은 우리 조선에 맞는 법과 제도를 만들기 위해서요. 나라를 세운 지 얼마 되지 않아서 모든 것이 어수선하오. 나랏일을 제대로 보

기 위해서는 우리 조선에 맞는 법과 제도를 하루 속히 만들 필요가 있소."

임금의 말이 떨어지기가 무섭게 김점 학사가 나섰습니다.

"중국 황제처럼 모든 나랏일을 전하께서 친히 결정하시는 것이 좋겠습니다."

그러자 곁에 있던 예조 판서 허조가 김점의 말을 자르고 나섰습니다.

"중국 제도에는 본받을 것도 있고 그렇지 않은 것도 있습니다. 임금은 우선 훌륭한 인재를 구하기 위해 노력해야 합니다. 인재를 구했으면 맡겨야 하고, 맡겼으면 의심하지 말아야 합니다."

양편으로 갈라져 입씨름을 벌이던 학사들의 의견을 귀담아 듣고 있던 세종은 허조의 손을 들어 주었습니다.

"인재를 뽑았으면 믿고 일을 맡겨 쓰도록 하오. 이곳에 있는 학사들은 나라의 기둥이 되는 훌륭한 일꾼들이오. 그대들의 재주를 잘 살려서 백성들을 편하게 하는 데 힘껏 노력하도록 하시오."

이때부터 세종은 힘든 일이 있을 때마다 집현전 학사들이 내놓은 지혜를 빌려 나랏일을 풀어 나갔습니다. 학사들이 머리를 맞대면 못 해낼 것이 없다고 생각했습니다.

임금 자리에 오르자마자 나랏일로 눈코 뜰 새 없었지만, 책

을 손에서 놓지 않는 버릇은 여전했습니다.

 좋은 책이 있으면 부지런히 구해 읽고, 집현전 학사들에게도 모두 읽게 했습니다.

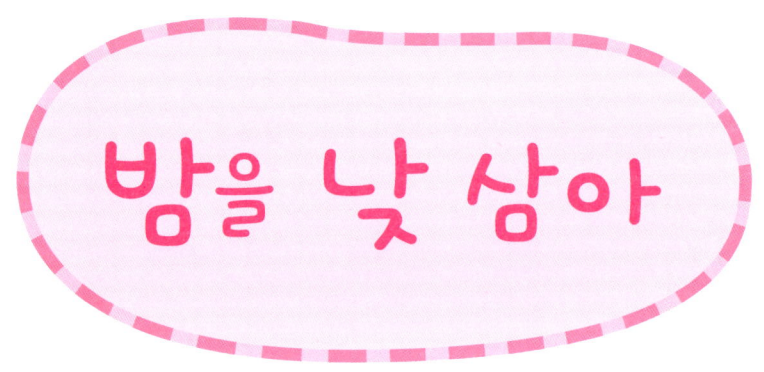

추운 겨울 밤, 자정도 훨씬 넘은 시각이었습니다. 책을 읽던 세종은 슬그머니 내전을 빠져나왔습니다. 매서운 칼바람이 귓전을 때렸습니다.

집현전 쪽에서 불빛이 새어 나오는 것을 본 세종은 곁에 있던 내관에게 일렀습니다.

"누가 이토록 늦은 시각까지 집현전에 남아 있는지 알아보도록 하라."

냉큼 달려갔다 온 내관이 임금에게 아뢰었습니다.

"신숙주 학사가 책을 읽고 있습니다."

세종은 발소리를 죽이며 내전으로 다시 돌아왔습니다.

그는 장차 나라의 기둥이 될 집현전 학사들의 생활이 불편하지 않도록 늘 마음을 쓰고 있었습니다.

"나랏일을 내 일처럼 여기고 밤낮을 가리지 않고 일하는 학사들을 보니 그동안 내가 기울인 정성이 헛되지 않았다는 생

각이 드는구나. 그들을 내 몸처럼 아끼고 사랑한 보람이 있었어. 허허허!"

"전하, 잠자리에 드시지요. 병이라도 나시면……."

"걱정 마라. 나도 신 학사가 잠들 때까지 책을 읽어야겠다. 너는 지키고 서 있다가 신 학사가 잠들면 알려 다오."

부옇게 날이 밝아 올 무렵에야 내관이 달려왔습니다.

"이제야 신숙주 학사가 촛불을 껐습니다."

"추운 방에서 이불도 시원찮을 텐데, 이 옷을 잠든 신 학사에게 덮어 주어라."

세종은 입고 있던 겉옷을 벗어 내관에게 준 뒤에야 잠자리에 들었습니다.

닭 울음소리에 잠이 깬 신숙주는 깜짝 놀랐습니다.

"아니, 이 옷은? 내가 잠든 사이에 전하께서 다녀가셨구나! 이렇게까지 우리를 아끼시다니!"

신숙주의 눈에서 감격의 눈물이 흘러내렸습니다.

뿌리를 뽑으시오

 세종이 임금 자리에 오른 다음 해 봄, 급한 소식이 날아들었습니다.

 "전하, 충청도와 전라도 해안 지방에서 왜적들이 닥치는 대로 사람을 죽이고 못된 짓을 일삼고 있다 합니다."

 "왜적들의 못된 짓은 어제오늘의 일이 아니잖소? 어째서 그 같은 일들이 계속 반복되는 것이오?"

 좌의정이 나서며 대답했습니다.

 "왜적들이 날뛰는 것은 그들에게 먹을 것이 없기 때문입니다. 그들에게 양식을 주어서 달래는 한편, 우리 수비를 더욱 굳건히 할 필요가 있습니다."

이번에는 병조 판서가 거들고 나섰습니다.

"보다 근본적인 대책이 필요할 듯합니다. 이번 기회에 왜적의 본거지인 대마도를 쳐서 뿌리를 뽑아야 합니다."

"과인도 그렇게 생각하오. 지금 흉년이 들어 백성들 고통도 크겠지만, 우선 약탈을 일삼는 왜적을 쳐서 백성들의 원한을 풀어 주어야만 하오. 그들을 그대로 두었다간 이러한 횡포가 계속될 것이오. 이번 대마도 정벌에는 이종무 장군을 보내도록 하오."

수많은 병사와 배를 이끌고 대마도 정벌에 나선 이종무 장군은 대마도 도주로부터 기어이 항복을 받아 냈습니다.

이 소식을 들은 세종은 다시 명을

내렸습니다.

"그들에게 무역을 허락하고, 일정한 양의 식량도 주도록 하시오."

"전하, 저들에게 그렇게까지 하실 필요가……."

"그건 모르는 소리오. 이제 그들 등쌀에서 놓여났으니, 좀 더 너그럽게 대해 주는 것이 그들의 못된 짓을 막는 길이오. 앞으로 대마도는 경상도에 속한다고 알리시오."

양반이든 종이든

세종은 아침 조회에 나온 대신들에게 뜻밖의 제안을 했습니다.

"과인은 이번에 도천법(관찰사가 도내의 재주가 뛰어난 사람을 임금에게 추천하는 제도)을 실시하려 하오. 양반이든 종이든, 신분이 높고 낮은 것을 따지지 않고, 재주가 있다면 누구라도 불러서 나라의 일꾼으로 쓰려 하오."

대신들은 자신들의 귀를 의심했습니다. 그때까지는 아무리 능력이 있다 하더라도 신분이 낮은 사람은 과거 시험조차 치를 수 없었기 때문입니다.

그런데 신분을 따지지 않고, 능력만 있으면 얼마든지 사람을 뽑아 쓰겠다는 임금의 말에 모두들 입을 다물지 못했습니다.

세종은 한 마디를 덧붙였습니다.

"과인은 이번에, 귀양 가 있는 황희를 다시 불러올릴까 하오."

"아니, 전하께서 세자로 책봉되실 때 앞장서서 반대했던 사람인데, 잊으셨습니까?"

"결코 잊은 것은 아니오. 그러나 황희는 나라에 꼭 필요한 사람이라 믿고 하는 일이니, 경들도 내 뜻을 따라 주시오."

개인적인 감정을 버리고 나라를 먼저 생각하는 세종의 큰 뜻 앞에 대신들은 더 이상 아무 말도 꺼낼 수가 없었습니다.

어느 날, 세종은 악기를 다루는 솜씨가 뛰어나다는 박연을 궁궐로 불렀습니다.

음악에도 조예가 깊었던 세종은 한눈에 박연의 사람됨을 알아보았습니다.

"그대가 음악의 달인이라는 박 공이오? 예로부터 음악은 하늘과 땅과 사람을 잘 어울리게 하는 것이라 하였소. 음악을 듣고 있으면 모두가 똑같은 마음이 된단 말이오."

"그렇습니다. 음악에는 모든 사람을 한마음으로 묶어 주는 신기한 힘이 있사옵니다."

"헌데 중국에서 들여온 악기로 우리 음악을 연주하니 우리 귀에 맞지를 않아 불편할 때가 많소. 과인은 우리 음악을 다시 살리고 싶소. 우리 악기를 만들어 보시오."

그때부터 박연은 우리 음에 맞는 악기 재료인 옥돌을 구하기 위해 온 나라를 뒤지고 다녔습니다.

옥돌을 찾기는 쉽지 않았지만, 우리 것을 만들겠다는 굳은 의지를 지닌 박연의 눈은 초롱초롱 빛났습니다.

세종은 박연이 초조해하지 않고 마음 놓고 일할 수 있도록 악학 별좌라는 벼슬까지 내려 힘을 북돋웠습니다.

마침내 옥돌을 구한 박연은 맑고 고운 소리가 나는 편경을 만들어 냈습니다.

지그시 눈을 감고 편경 소리를 듣고 있던 세종은 무릎을 쳤습니다. 그러고는 칭찬을 아끼지 않았습니다.

"바로 이 소리로다! 경의 노력 덕분에 이제야 비로소 중국

편경 | 습기와 건조, 추위와 더위에도 음색과 음정이 변하지 않아 편경은 모든 국악기 조율의 표준이 되고 있습니다.

음악의 그늘에서 벗어날 수 있게 되었구려! 우리 것이 중국의 것보다 훨씬 더 소리가 훌륭하오. 정말 장하오."

"지나친 칭찬이십니다. 오직 전하께서 저를 믿고 기다려 주셨기 때문에 가능했사옵니다."

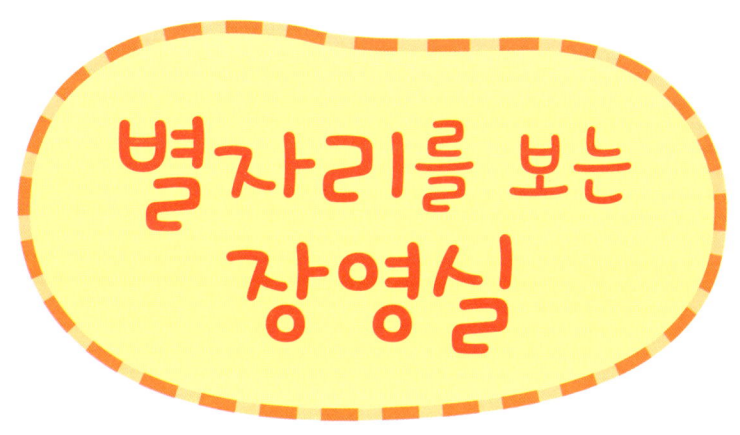

별자리를 보는 장영실

'내 나이 서른이 되었으니, 임금 자리에 앉은 지도 어느새 8년이 지났구나. 백성들 형편이 나아지긴 했으나 아직 갈 길이 멀어. 백성들이 보다 즐겁고 편안한 생활을 누릴 수 있다면 좋으련만…….'

어느 날, 세종은 동래에서 올라온 젊은이를 반갑게 맞이했습니다. 젊은이의 재주를 아끼던 동래 현감이 보낸 과학자였습니다.

"그대가 바로 천재 과학자 장영실인가?"

보잘것없는 종 신분이었는데도, 나라에서 실시한 도천법 덕분에 뽑혀 온 그는 무엇이든지 잘 만드는 재주를 가지고 있었습니다.

"그대를 종 신분에서 벗어나게 해 줄 테니 나라를 위해 아낌없이 솜씨를 발휘해 보아라."

"전하의 하늘 같은 은혜에 보답하겠습니다."

"우리나라는 옛날부터 모든 것을 중국에 의지하는 일이 많았다. 그래도 하늘을 살피는 일만은 우리 힘으로 해 왔는데, 이제 달랑 첨성대만 남아 있구나."

"전하, 중국에 가서 새로운 과학과 기술을 배워 오면 어떨까 하옵니다."

"으음, 좋은 생각이다. 그렇게 하도록 하라."

중국에서 돌아온 장영실에게 세종은 상의원 별좌라는 벼슬을 내렸습니다. 보잘것없는 종 신분의 사람에게 벼슬까지 내려 나라를 온통 맡긴다며 못마땅하게 여기는 대신들도 있었습니다.

그러나 세종은 한마디로 잘라 말했습니다.

"무슨 소리요? 장 별좌야말로 내가 찾던 일꾼이오."

어느 날 밤, 세종은 하늘의 별자리를 우두커니 올려다보고 있는 장영실을 발견했습니다.

"장 별좌, 이 깊은 시각에 무얼 하고 있는가?"

"별자리를 보고 있었습니다."

"별자리를?"

"네, 중국에서 보는 별자리와 우리나라에서 보는 별자리가 다릅니다."

"그렇다면 중국과 우리나라의 계절에도 차이가 있다는 말이로군."

"그렇습니다. 이제는 우리 형편에 맞는 천문 관측이 필요합니다."

"오, 그래. 지금까지는 중국 천문을 토대로 계절을 짐작해서 농사를 지었단 말이지. 그렇다면 장 별좌가 우리 형편에 맞는 천문 관측 기구를 만들어 보도록 하라."

장영실은 천문 관측 기구인 간의대를 만들어 놓고 천체의 움직임을 자세히 관찰하기 시작했습니다.

그것을 토대로 정인지, 이천 등과 함께 혼천의라는 천문 시계를 만들어 냈습니다.

"장 별좌, 정말 대단하구나. 이것만 보면 하늘의 움직임을 한눈에 알 수 있겠어."

혼천의 | 천체의 운행과 위치를 측정해 천문 시계 구실을 했던 기구로, 이천·장영실 등이 제작을 감독하였어요.

세종은 더 나아가 새로운 고민을 하기 시작했습니다.

'빗물의 양을 재는 기계를 만들어 낸다면 농사짓는 백성들에게 더없이 반가운 소식이 될 텐데.'

밤낮을 가리지 않고 연구에 매달린 장영실은 마침내 세계 최초의 우량계인 측우기를 만들었습니다.

"비의 양을 잴 수 있는 방법을 알아냈습니다."

"그게 사실인가?"

그 즈음 나랏일에 지쳐 부쩍 병치레가 잦아진 세종은, 장영실의 보고를 받자 자리를 박차고 일어났습니다.

"이제 됐다! 정말 장하구나, 장해! 이렇게 하면 어느 곳에 얼마나 비가 내렸는지 금방 알 수 있겠구나. 홍수 피해도 줄일 수 있을 테고. 이것을 사용해서 각 지방마다 비가 온 후의 상황을 기록하도록 하라."

측우기 | 보물 제561호. 조선 시대 비의 양을 측정하기 위한 관측 장비로, 1441년(세종 23년)에 발명되었습니다.

앙부일구 | 임진왜란 때까지 조선의 공중 시계 역할을 했어요. 보물 제845호

장영실의 연구는 여기에 그치지 않았습니다.

해시계를 만들어 모든 사람이 볼 수 있도록 종로 거리에 설치해 놓아, 시간을 알고 싶어도 알 수 없던 백성들의 답답함을 시원하게 풀어 주었습니다. 백성들도 어깨춤을 추며 기뻐했습니다.

"이제 우리도 계획을 세워 일할 수 있게 되었으니, 하는 일마다 능률도 쑥쑥 오르겠네!"

우리 땅을 찾아서

이 무렵, 북쪽 지역에는 여진족이 쳐들어와서 끊임없이 우리 백성들을 괴롭혔습니다.

"뭐라고, 여진족이 또 날뛴다고?"

"백성들이 1년 동안 지은 곡식을 순식간에 빼앗아 말을 타고 쏜살같이 달아나니 당해 낼 수가 없습니다."

세종은 김종서와 최윤덕 장군을 불렀습니다.

"나라 밖이 편해야 나라 안도 편한 법, 그들을 몰아낼 좋은 방법이 없겠소?"

호랑이 장군으로 불리는 김종서가 머뭇거리지 않고 대답했습니다.

"지금 여진족은 저희들끼리 싸우고 있습니다. 이번 기회에 그들을 몰아내고 우리 땅을 찾아야 합니다."

최윤덕 장군도 나섰습니다.

"그곳은 원래 우리 땅입니다. 조상의 땅을 내줄 수는 없습니다."

"오호, 과연 맹장다운 말씀이오. 그대들을 보니 든든하기 그지없소. 두만강은 김 장군이 맡고, 압록강은 최 장군이 맡아 주시오."

두 장군은 병사들을 거느리고 북쪽 국경 지대로 말을 달렸습니다.

북쪽 변방에 4군 6진의 방어 기지를 세워 싸우기를 10여 년, 우리 군사들은 모진 추

위를 견디면서 나라를 지켰습니다.
 여진족들은 거침없는 두 장군의 기세에 눌려 항복을 하고, 두만강 너머로 줄행랑을 쳤습니다.
 세종은 곧바로 엄명을 내렸습니다.
"이곳에 성을 쌓고 군대를 주둔시킨 뒤, 백성들이 와서 살게 하시오. 그래서 우리 땅임을 온 천하에 알리도록 하시오."

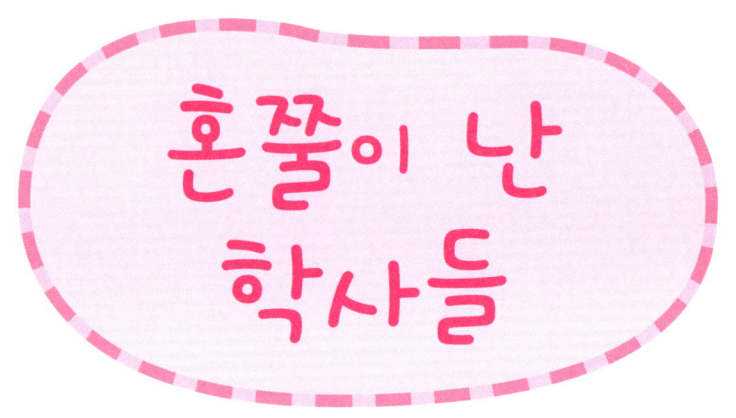

혼쭐이 난 학사들

"역사를 바로 알지 않으면 나라가 제대로 설 수 없을 것이다. 전 왕조인 고려의 역사를 정리하도록 하라."

세종은 정인지, 김종서 등에게 고려 역사를 정리하게 했습니다. 여러 해 동안 학사들이 그 일에 매달린 끝에 『고려사』가 만들어졌습니다.

우리 활자로 엮은 책을 받아 들고 감격스러워하며 읽어 가던 세종의 얼굴이 갑자기 굳어졌습니다. 고려를 딛고 일어서서 조선이라는 나라를 세우기 위해 겪었던 온갖 일들이 제대로 밝혀져 있지 않았던 것입니다.

"여기 있는 내용은 우리 조선 입장에서 쓴 것이오. 전 왕조인 고려에 대해서는 잘못 기록해 놓았소. 역사는 있는 그대로 정확하게 적어야 하는 것이오. 그런데 과연 여기 담긴 내용을 바른 역사라 할 수 있겠소? 다시 수정하여 올리시오."

혼쭐이 나 고개를 떨구고 있던 학사들은, 세종의 깊은 뜻을 알고는 깨달은 바가 있어 모두들 고개를 끄덕였습니다.

"두웅 둥……."

궁궐 밖에 걸어 놓은 신문고가 울렸습니다.

신문고는 억울한 일을 당한 백성이 직접 북을 쳐서 그 억울함을 호소하는 기구였습니다.

"북을 울린 까닭이 무엇이더냐?"

한 백성이 억울한 일을 호소해 왔습니다.

"논 열 마지기 중에 세 마지기를 떼어 팔았는데, 나중에 문서를 보니 열 마지기 모두 판 걸로 되어 있었사옵니다."

"저런, 논을 팔 때 문서를 확인해 보지도 않았단 말이냐?"

"보긴 보았지만, 까막눈이라 그냥 넘어갔사옵니다."

"저런 고얀 놈을 보았나. 글을 모른다고 속이다니! 당장 그놈을 잡아들이도록 사헌부에 일러라."

세종 대왕 동상 | 세종 대왕의 업적 중에서 으뜸은 한글 창제입니다. 한글은 세계에서 가장 뛰어난 글자입니다.

세종의 가슴은 한없이 답답했습니다.

'순진한 백성이 글을 몰라 당하는 일이 어디 이번뿐이겠는가. 우리가 빌려 쓰는 중국의 한자는 공부를 많이 한 선비도 다 이해하기 어렵고……. 백성들이 쉽게 배울 수 있는 글이 있다면 얼마나 좋을꼬!'

세종은 소리를 그대로 나타내는 글자를 만들면 백성들이 배우기가 훨씬 쉬울 거라고 생각했습니다.

우리말이 중국과 달라

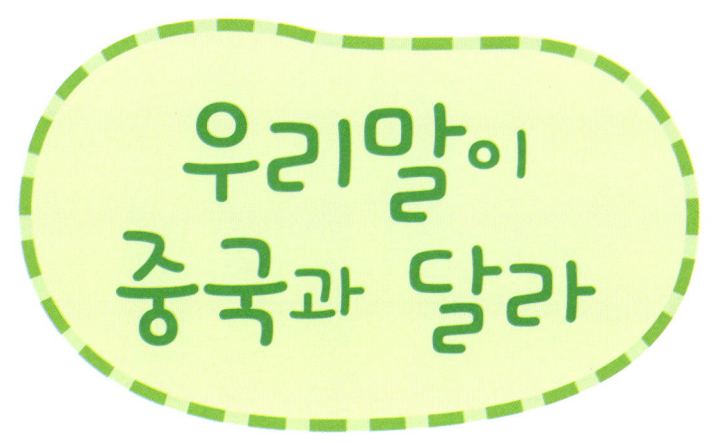

집현전 학사들을 모아 놓고, 세종은 오랫동안 가슴속에 품어 왔던 생각을 꺼냈습니다.

"경들도 알다시피 우리말은 중국과 다르오. 중국 글자인 한자를 가지고는 우리의 뜻이 서로 통하기가 어렵소. 우리말을 적는 글이

없으니 억울한 일을 당해도 하소연할 데가 없는 것이오.

과인은 이런 사정이 늘 안타까웠소. 그래서 오래전부터 우리글을 연구해 왔소."

묵묵히 세종의 말을 듣고 있던 학사들 사이에서 웅성거리는 소리가 들렸습니다.

"전하, 우리글이라니요? 지금까지 써 왔던 한자는 어떻게 하고요?"

최만리가 앞장서서 반대하자 신하들이 여기저기서 나섰습니다.

"전하, 무식한 백성들에게까지 굳이 글을 익히게 할 필요가 어디 있습니까?"

"새 글을 만들어 오히려 중국의 비위를 건드릴까 걱정입니다."

그러나 백성을 사랑하는 세종의 마음을 꺾지는 못했습니다.

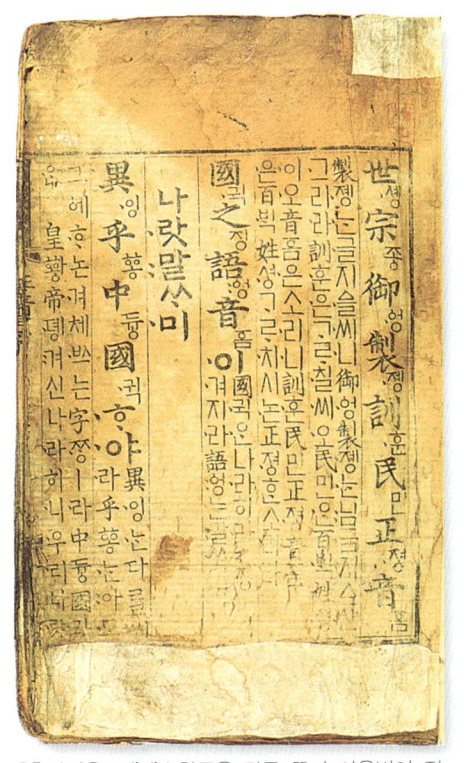

「훈민정음」 해례 | 한글을 만든 뜻과 사용법이 적혀 있습니다.

"우리글을 쓰자는데 언제까지 중국 눈치를 보자는 말이오? 경들은 도대체 어느 나라 사람들이오? 경들의 말은 핑계에 불과하오. 우리 글자를 가지지 못했다는 건 몹시도 부끄러운 일이거늘……. 지금 곳곳에서 범죄가 생겨나고 있소. 범죄를 방지하기 위해서는 법을 알아야 하고, 그 법조문 내용을 알기 위해서는 우리글이 꼭 필요하오. 새 글자를 만드는 일이 결코 쉽지는 않겠지만, 우리가 힘을 모은다면 안 될 일이 어디 있겠소? 이 큰 일을 나 혼자 감당하기는 매우 벅차니 과인을 좀 도와주시오."

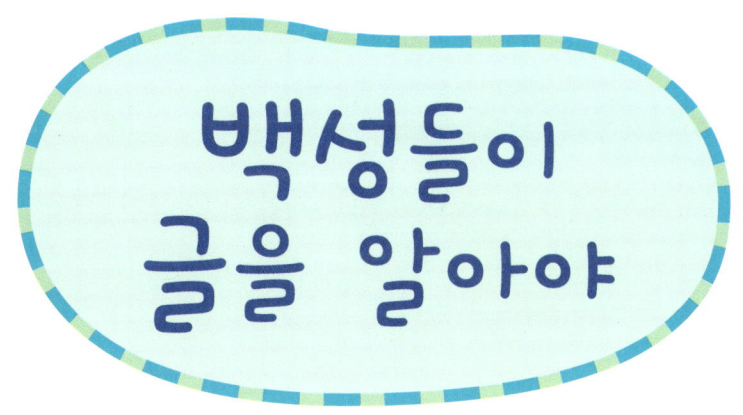

백성들이 글을 알아야

　이때부터 최항, 박팽년, 신숙주, 정인지 등의 학사들이 머리를 맞대고 우리글을 만드는 어려운 작업을 시작하였습니다. 학사들뿐 아니라 세종 역시 하루 종일 글자 모양을 연구하느라고 밤을 꼬박 새우는 일이 많아졌습니다.

　세종은 신숙주와 성삼문을 열세 번이나 중국에 보내어 중국 글자의 소리를 연구하도록 했습니다. 중국의 한림 학사 황찬을 만나고 온 성삼문이 세종에게 말했습니다.

　"글자는 자음과 모음이 어울려 소리를 내는데, 소리를 연구하려면 입술, 혀 등을 잘 살펴야 한다고 했습니다."

"소리의 기본이라……. 무슨 소리부터 시작해야 할까? 해도 달도 우주도 둥그니까…… 그래, 이것을 'ㅇ'이라 하고, 땅은 평평하니까 'ㅡ', 사람은 서 있으니 'ㅣ'라 하자. 이것들을 기본 글자로……."

세종은 왕자들이나 궁녀들에게 기본 글자를 소리내어 보게 하고, 소리나는 대로 글자를 만들어 갔습니다.

"입을 동그랗게 벌리고 소리를 내 보아라. 아, 어, 오, 우……. 됐어. 어머니 역할을 하는 모음이 만들어졌으니 이제 아들 역할을 하는 자음을 만들어야겠다. 그래, 기역, 니은, 바로 그거야!"

세종은 학사들 앞에서 덩실덩실 춤을 추었습니다. 곁에 있던 집현전 학사들의 기쁨도 이루 말할 수 없었습니다.

"전하, 자음과 모음을 합쳐 쓰니까 어떤 소리든지 글자로 만들어집니다. 이제 글자로 나타내지 못할 것이 없습니다. 성은이 망극하옵니다!"

"글자가 쉬워서 백성들도 금방 배울 수 있을 것이오."

"전하께서 몸을 돌보시지 않고 애쓴 결실이옵니다."

"그동안 경들이 고생한 보람으로 문자가 완성되었소."

 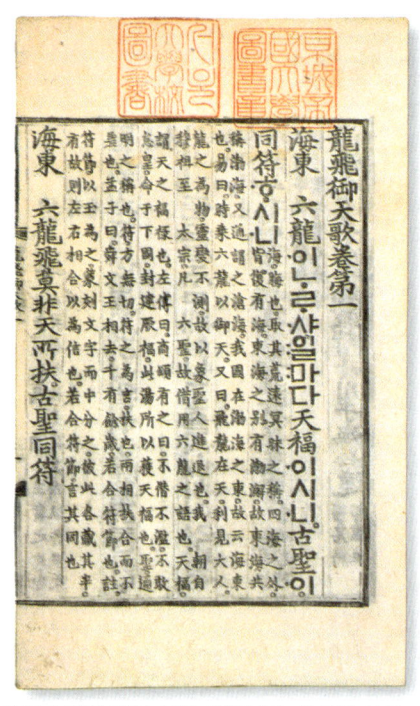

「용비어천가」 | 세종 27년(1445년)에 정인지 등의 학자들이 세종의 명을 받아 지은 책입니다. 한글을 보급시키기 위해 만들었습니다.

"전하, 이제 몸을 돌보셔야 합니다. 전하의 눈병이 더 도질까 걱정이 되옵니다."

그동안 몰라볼 정도로 야윈 세종은 학사들의 걱정에는 아랑곳하지 않고 말했습니다.

"내 평생에 이렇게 기쁜 일은 처음이오. 백성들이 글을 깨쳐 눈을 뜰 수만 있다면 얼마나 좋은 일이겠소!"

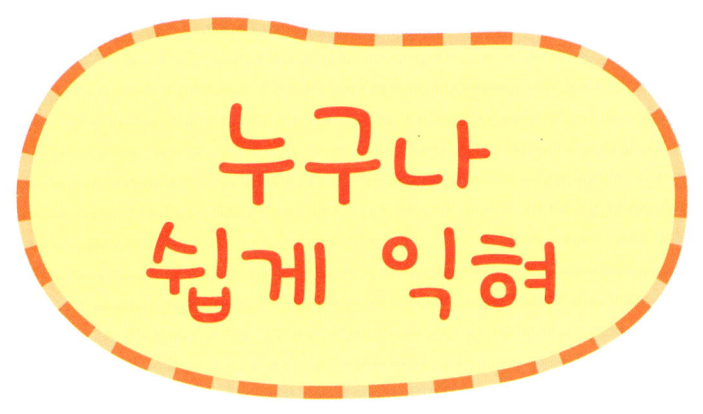

　1443년, 세종은 새로 만든 28자를 '훈민정음'이라 이름지었습니다. '백성을 가르치는 바른 소리'라는 뜻입니다.
　"고칠 점이 있으면 더 연구해서 백성들이 편하게 쓸 수 있게 하시오. 사람마다 널리 익히고 써야 빛나는 법이오. 쓰지 않으면 문자는 금세 사라지고 말 것이오."
　세종은 훈민정음을 바로 발표하지 않고 대궐 안에서 먼저 써 보도록 했습니다. 불편한 점이 있으면 고치도록 하기 위해서였습니다.

1446년, 마침내 세종은 온 나라에 훈민정음을 알렸습니다.

"이제 훈민정음을 백성들에게 알릴 때가 된 것 같소. 누구나 쉽게 익힐 수 있을 거라고 믿소. 관리를 뽑는 데도 훈민정음을 쓰고, 서류 역시 훈민정음으로 작성한다면 훨씬 빠르게 백성들에게 알려지게 될 것이오."

훈민정음이 우수한 글자라는 것을 알리기 위해 집현전 학사들은 훈민정음으로 첫 번째 책을 지었습니다. 조선 왕조를 떠받드는 노래였습니다. 책 이름은 세종이 직접『용비어천가』라고 붙였습니다.

임금 자리에 오른 지 서른두 해, 그동안 쉬지 않고 일을 해 온 세종은 이제 몸을 가누지 못할 정도로 병이 깊어졌습니다. 게다가 다섯째와 일곱째 아들까지 잃고, 잇따라 부인인 소헌왕후도 임금 곁을 떠나고 말았습니다. 자상한 아버지와 남편이기에 앞서 한 나라의 어버이였기에 세종은 마음 놓고 울지도 못했습니다. 기운을 추슬러 나랏일을 돌보았지만, 병상에 누워 있는 날이 더 많아졌습니다.

세종은 문풍지를 울리고 가는 바람 소리를 듣자, 아버지 태종의 모습이 눈에 선하게 떠올랐습니다. 그리고 임금 자리를 선뜻 내어 준 양녕 형님과 절에 들어가 스님이 된 효령 형님도 나란히 떠올랐습니다.

"아버님, 부끄럽지 않은 임금이 되려고 노력했습니다. 두 형님도 이 아우가 부끄럽지 않으시지요?"

영릉 | 사적 제195호. 경기도 여주군 능서면 왕대리에 있는, 조선 제4대 임금인 세종과 소헌 왕후 심씨의 능입니다.

스물두 살의 어린 임금이었던 자신의 모습도 떠올랐습니다. 입가에 빙그레 미소가 번져 갔습니다.

'아직도 해야 할 일이 많은데…….'

한시도 손에서 책을 놓지 않았던 세종의 손에서 자꾸만 힘이 빠져나갔습니다.

세종 대왕의 삶

연 대	발 자 취
1397년(1세)	태종의 셋째 아들로 태어나다.
1408년(12세)	충녕군에 봉해지다.
1413년(17세)	충녕 대군이 되다.
1418년(22세)	6월에 왕세자로 책봉되고, 8월에 태종으로부터 왕위를 물려받다.
1419년(23세)	왜적이 침입하자 이종무로 하여금 대마도를 정벌하게 하다.
1420년(24세)	집현전을 더 크게 늘려 인재들로 하여금 학문 연구에 몰두하게 하다. 금속 활자 '경자자'를 완성하고 인쇄술을 개량하다.
1421년(25세)	맏아들 향(뒷날 문종)을 세자로 책봉하다.
1423년(27세)	금속 화폐인 조선통보를 만들다.
1427년(31세)	편경(박연)을 제작하다.
1429년(33세)	농업 백과 사전인 『농사직설』을 펴내다.
1431년(35세)	4군 개척(최윤덕)을 시작하다.
1432년(36세)	6진 개척(김종서)을 시작하다. 『팔도지리지』, 『삼강행실도』를 펴내다.
1433년(37세)	천체 측정 기구 '혼천의(장영실, 정인지, 이천)'를 만들다.
1434년(38세)	해시계인 '앙부일구(장영실)'와 물시계인 '사격부(장영실)'를 만들다.
1436년(40세)	활자를 개량하여 납 활자인 '병진자'를 만들다.
1441년(45세)	빗물을 측정하는 '측우기(이천, 장영실)'를 만들다.
1443년(47세)	훈민정음 28자를 창제하고, 언문청을 설치하다.
1445년(49세)	『용비어천가』를 짓다.
1446년(50세)	훈민정음을 반포하다.
1448년(52세)	경복궁 안에 내불당을 건립하다.
1449년(53세)	악보인 『월인천강지곡』을 펴내다.
1450년(54세)	54세의 나이로 세상을 떠나다.

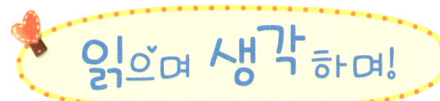

1. 괄호 안에 공통적으로 들어갈 말은 무엇인가요?

   임금이 된 세종은 가장 먼저 (　　)을 크게 늘리기로 했습니다. 이곳은 학문이 깊은 젊은 학사들이 모여 공부하면서, 나랏일도 의논하는 곳이었습니다.

   세종은 힘든 일이 있을 때마다 (　　) 학사들이 내놓은 지혜를 빌려 나랏일을 풀어 나갔습니다. 학사들이 머리를 맞대면 못 해낼 것이 없다고 생각했습니다.

2. 세종이 훈민정음으로 지은 첫 책은 무엇인가요?

3. 세종이 채용한 노비 출신의 천재 과학자는 누구인가요?

4. 태종은 결국 맏아들 양녕이 아닌 셋째 충녕을 세자로 책봉하였습니다. 여러분이 신하였다면 이 결정에 찬성했을까요, 반대했을까요? 그렇게 생각한 이유는 무엇인가요?

"내 뒤를 이을 세자가 저 모양이니 어찌할꼬! 이 나라가 세워진 지 겨우 스물여섯 해인 만큼, 나라의 기틀을 더 튼튼히 다져야 할 텐데……."

태종은 마음 같아서는 셋째 충녕을 세자로 세우고 싶었습니다. 그러나 맏아들을 세자로 세워야 한다는 법을 쉽게 거스를 수 없었습니다. 태종은 깊은 밤까지 잠을 이루지 못했습니다.

5. 세종은 나라의 일꾼을 뽑는 데 있어 신분의 차별을 없앴습니다. 그 일이 어떤 의미를 가지는지, 오늘날의 '차별'과 관련하여 설명해 보세요.

6. 신하들이 훈민정음 창제를 반대한 이유는 무엇인가요?

> "경들도 알다시피 우리말은 중국과 다르오. 중국 글자인 한자를 가지고는 우리의 뜻이 서로 통하기가 어렵소. 우리말을 적는 글이 없으니 억울한 일을 당해도 하소연할 데가 없는 것이오.
> 과인은 이런 사정이 늘 안타까웠소. 그래서 오래전부터 우리글을 연구해 왔소."
> 묵묵히 세종의 말을 듣고 있던 학사들 사이에서 웅성거리는 소리가 들렸습니다.

7. 세종의 위대한 업적은 혼자서 이루어 낸 것이 아니었습니다. 훌륭한 조력자들이 곁에 있기에 가능했지요. '세종과 그의 업적을 도운 사람들'을 글감으로 삼아 '주인공과 조연'이라는 주제의 짧은 글을 써 보세요.

1. 집현전

2. 용비어천가

3. 장영실

4. 예시 : • 반대 – 임금이 법과 관례를 쉽게 바꾼다면 기강이 해이해지고, 백성들 또한 법을 어렵지 않게 생각하여 쉽게 어길 수 있다. 양녕에게 임금으로서의 자질이 부족하다면 하나하나 가르침으로써 조금씩 준비시켜 나가도 되지 않았을까?

    • 찬성 – 많은 사람들을 위해서라면 법과 관례를 바꾸지 못할 것도 없다는 생각이 든다. 그때 태종께서 현명한 판단을 하셨기 때문에 오늘날 우리가 한글이라는 우수한 우리 글자, 우리 문화를 가질 수 있는 것이 아닌가!

5. 예시 : 오늘날에는 겉모습이나 부의 정도를 가지고 다른 사람을 차별하고 판단하는 경우가 많은 것 같다. 이는 매우 위험한 생각이다. 겉과 속이 다른 사람도 많고, 돈 때문에 나쁜 짓을 저지르는 사람도 많기 때문이다. 세종은 신분의 장벽을 없애고 장영실이라는 인물을 등용하여 크나큰 발전을 이루어 냈다. 차별이라는 벽에 갇혀 있었다면 그런 업적은 불가능했을 것이다. 우리도 눈과 마음에 끼고 있는 색안경을 벗어던지고 다른 사람들을 올바르게 판단하는 힘을 길러야겠다.

6. 지금까지 한자를 가지고 아무 문제 없이 의사 소통을 해 왔고, 굳이 무식한 백성들에게까지 글을 알게 할 필요가 없다고 생각했기 때문이다. 또한 우리글을 만들어 큰 나라 중국의 비위를 거스를까 하는 두려움도 있었다.

7. 예시 : 세종은 장영실, 박연, 김종서, 최윤덕 장군, 신숙주, 성삼문, 박팽년 같은 집현전 학사들의 도움으로 업적을 하나씩 이루어 갈 수 있었다. 재미있는 영화나 드라마에 꼭 필요한 것이 조연이다. 주인공만 있고 조연이 없다면 드라마는 제대로 완성될 수 없다. 이처럼 우리 삶에 있어서도 중요한 일과 하찮은 일이 따로 없는 것 같다. 아주 작은 나사 하나만 풀려도 기계가 제대로 작동되지 않는 것처럼, 사회 구석구석의 모든 일이 중요하다는 것을 늘 잊지 말아야겠다.

역사 속에 숨은 위인을 만나 보세요!

한국사 연표

시대	B.C. 선사 시대 및 연맹 왕국 시대	A.D. 삼국 시대	698 남북국 시대	918 고려 시대	1392 조선 시대

위인
- 광개토태왕 (374~412)
- 을지문덕 (?~?)
- 연개소문 (?~666)
- 김유신 (595~673)
- 대조영 (?~719)
- 장보고 (?~846)
- 왕건 (877~943)
- 강감찬 (948~1031)
- 최무선 (1328~1395)
- 황희 (1363~1452)
- 세종대왕 (1397~1450)
- 장영실 (?~?)
- 신사임당 (1504~1551)
- 이이 (1536~1584)
- 허준 (1539~1615)
- 유성룡 (1542~1607)
- 한석봉 (1543~1605)
- 이순신 (1545~1598)
- 오성과 한음 (오성 1556~1618 / 한음 1561~1613)

주요 사건
- 고조선 건국 (B.C. 2333)
- 철기 문화 보급 (B.C. 300년경)
- 고조선 멸망 (B.C. 108)
- 고구려 불교 전래 (372)
- 고구려 살수대첩 (612)
- 신라 불교 공인 (527)
- 신라 삼국 통일 (676)
- 대조영 발해 건국 (698)
- 견훤 후백제 건국 (900)
- 궁예 후고구려 건국 (901)
- 장보고 청해진 설치 (828)
- 왕건 고려 건국 (918)
- 귀주대첩 (1019)
- 윤관 여진 정벌 (1107)
- 고려 강화로 도읍 옮김 (1232)
- 개경 환도, 삼별초 대몽 항쟁 (1270)
- 문익점 원에서 목화씨 가져옴 (1363)
- 최무선 화약 만듦 (1377)
- 조선 건국 (1392)
- 훈민정음 창제 (1443)
- 임진왜란 (1592~1598)
- 한산도 대첩 (1592)
- 허준 동의보감 완성 (1610)
- 병자호란 (1636)
- 상평통보 전국 유통 (1678)

세계사 연표

시대	B.C. 고대 사회	A.D. 375 중세 사회	1400

연도: 2000 500 400 300 100 0 300 500 600 800 900 1000 1100 1200 1300 1400 1500 1600

주요 사건
- 중국 황하 문명 시작 (B.C. 2500년경)
- 인도 석가모니 탄생 (B.C. 563년경)
- 알렉산더 대왕 동방 원정 (B.C. 334)
- 크리스트교 공인 (313)
- 게르만 민족 대이동 시작 (375)
- 로마 제국 동서로 분열 (395)
- 수나라 중국 통일 (589)
- 수 멸망 당나라 건국 (618)
- 이슬람교 창시 (610)
- 러시아 건국 (862)
- 거란 건국 (918)
- 송 태종 중국 통일 (979)
- 제1차 십자군 원정 (1096)
- 테무친 몽골 통일 칭기즈 칸이 됨 (1206)
- 원 제국 성립 (1271)
- 원 멸망 명 건국 (1368)
- 잔 다르크 영국군 격파 (1429)
- 구텐베르크 금속 활자 발명 (1450)
- 코페르니쿠스 지동설 주장 (1543)
- 도요토미 히데요시 일본 통일 (1590)
- 독일 30년 전쟁 (1618)
- 영국 청교도 혁명 (1642~1649)
- 뉴턴 만유인력의 법칙 발견 (1665)

위인
- 석가모니 (B.C. 563?~B.C. 483?)
- 예수 (B.C. 4?~A.D. 30)
- 칭기즈 칸 (1162~1227)

한국사

정약용 (1762~1836)			주시경 (1876~1914)		우장춘 (1898~1959)	유관순 (1902~1920)			이태석 (1962~2010)				
김정호 (?~?)			김구 (1876~1949)										
			안창호 (1878~1938)		방정환 (1899~1931)	윤봉길 (1908~1932)	이중섭 (1916~1956)		백남준 (1932~2006)				
			안중근 (1879~1910)										

사건													
		최제우 동학 창시 (1860)	강화도 조약 체결 (1876)		동학 농민 운동, 갑오 개혁 (1894)	을사 조약 (1905)	한일 강제 합방 (1910)	어린이날 제정 (1922)	8·15 광복 (1945)		6·29 민주화 선언 (1987)		
이승훈 천주교 전도 (1784)		김정호 대동여 지도 제작 (1861)	지석영 종두법 전래 (1879)	갑신 정변 (1884)	대한 제국 성립 (1897)	헤이그 특사 파견, 고종 퇴위 (1907)	3·1 운동 (1919)	윤봉길·이봉창 의거 (1932)	대한 민국 정부 수립 (1948)	6·25 전쟁 (1950~1953)	10·26 사태 (1979)	서울 올림픽 개최 (1988)	북한 김일성 사망 (1994)	의약 분업 실시 (2000)

조선 시대				1876 개화기		1897 대한 제국	1910 일제 강점기			1948 대한민국			
1700	1800	1850	1860	1870	1880	1890	1900	1910	1920	1930	1940	1950	1970	1980	1990	2000

세계사

근대 사회							1900					현대 사회			

사건													
미국 독립 선언 (1776)	청·영국 아편 전쟁 (1840~1842)		미국 남북 전쟁 (1861~1865)	베를린 회의 (1878)	청·프랑스 전쟁 (1884~1885)	청·일 전쟁 (1894~1895) 헤이그 평화 회의 (1899)	영·일 동맹 (1902) 러·일 전쟁 (1904~1905)	제1차 세계 대전 (1914~1918) 러시아 혁명 (1917)	세계 경제 대공황 시작 (1929)	제2차 세계 대전 (1939~1945)	태평양 전쟁 (1941~1945) 국제 연합 성립 (1945)	소련 세계 최초 인공위성 발사 (1957)	제4차 중동 전쟁 (1973) 소련 아프가니 스탄 침공 (1979)	미국 우주 왕복선 콜롬비아 호 발사 (1981)	독일 통일 (1990) 유럽 11개국 단일 통화 유로화 채택 (1998)	미국 9·11 테러 (2001)
프랑스 대혁명 (1789)																

워싱턴 (1732~1799)	링컨 (1809~1865)	가우디 (1852~1926)	라이트 형제 (형, 윌버 1867~1912 / 동생, 오빌 1871~1948)	아문센 (1872~1928)	헬렌 켈러 (1880~1968)		테레사 (1910~1997)	마틴 루서 킹 (1929~1968)		스티븐 호킹 (1942~2018)	오프라 윈프리 (1954~)		
페스탈 로치 (1746~1827)	나이팅 게일 (1820~1910)			슈바이처 (1875~1965)			만델라 (1918~2013)				스티브 잡스 (1955~2011)		
모차르트 (1756~1791)	파브르 (1823~1915)		마리 퀴리 (1867~1934)	아인슈 타인 (1879~1955)							빌 게이츠 (1955~)		
나폴 레옹 (1769~1821)	노벨 (1833~1896)		간디 (1869~1948)										
	에디슨 (1847~1931)												

2024년 10월 30일 2판10쇄 **펴냄**
2013년 10월 25일 2판 1쇄 **펴냄**
2007년 8월 20일 1판 1쇄 **펴냄**

펴낸곳 (주)효리원
펴낸이 윤종근
글쓴이 진복희 · **그린이** 김세진
사진 제공 중앙포토
등록 1990년 12월 20일 · **번호** 2-1108
우편 번호 03147
주소 서울시 종로구 삼일대로 457, 406호
전화 02)3675-5222 · **팩스** 02)765-5222
ⓒ 2007 · 2013, (주)효리원

잘못 만들어진 책은 구입하신 서점에서 바꾸어 드립니다.
ISBN 978-89-281-0296-9 64990

이메일 hyoreewon@hyoreewon.com
홈페이지 www.hyoreewon.com